LETTRES AU GARDE DES SCEAUX

SUR

L'INEXÉCUTION DES LOIS

PAR

P. BISTON

AVOCAT A LA COUR D'APPEL

La vertu du magistrat est la meilleure
garantie de la paix publique.

SE TROUVE CHEZ L'AUTEUR

13, RUE DE L'ODÉON, 13

—

PARIS

LETTRES AU GARDE DES SCEAUX

L'INEXÉCUTION DES LOIS

LETTRES AU GARDE DES SCEAUX

SUR

L'INEXÉCUTION DES LOIS

PAR

P. BISTON

AVOCAT A LA COUR D'APPEL

*La vertu du magistrat est la meilleure
garantie de la paix publique.*

SE TROUVE CHEZ L'AUTEUR

13, RUE DE L'ODÉON, 13

—

PARIS

« Ce seroit une chose indigne, a écrit Pascal, d'user de mots équivoques et captieux..... », et Montesquieu vantait avec raison le grand « siècle où la fausse politesse n'avoit pas mis le mensonge partout.......... et où on ne voyoit point, comme dans la plupart de nos lettres modernes, des gens qui veulent se tromper........ »

J'espère bien qu'on ne rencontrera aucun de ces vilains défauts dans celles que je publie aujourd'hui, et en y joignant quelques notes, j'ai voulu montrer mon peu de goût pour les ambiguïtés et les réticences, et que je cherchais avant tout à éclairer les faits et à rendre la vérité plus évidente.

LETTRES AU GARDE DES SCEAUX

SUR

L'INEXÉCUTION DES LOIS

La vertu du magistrat est la meilleure
garantie de la paix publique.

Paris, 11 juin 1872.

MONSIEUR LE GARDE DES SCEAUX [1],

Vous avez dû recevoir un opuscule intitulé : *Comment on respecte la liberté d'écrire en France,* opuscule dans lequel j'ai exposé les faits qui m'ont forcé à quitter Châlons-sur-Marne, au mois de mai 1869, et à me réfugier à Meaux où ma femme est bientôt tombée malade [2].

1. M. Dufaure.

2. J'écrivais de Meaux, le 27 mai 1869, au maire de Châlons : « J'ai quitté hier Châlons pour épargner à ma femme et à mes enfants de nouvelles et douloureuses impressions.

« Ce qu'ils ont vu et entendu pendant deux soirées et deux nuits les épouvante encore aujourd'hui. »

Un coup terrible lui avait été porté, ma profession était perdue, et tous mes intérêts étaient compromis, par suite de manifestations graves qui ont mis en péril ma sécurité et celle de ma famille.

J'ai poursuivi devant la justice civile ceux que je pouvais bien regarder comme les instigateurs de ces manifestations, et j'ai obtenu un arrêt que j'ai l'honneur de vous envoyer, ainsi que les pièces du procès.

Je me suis légitimement vengé, mais il me reste encore un devoir à remplir.

Je n'admettrai jamais l'impuissance de la loi devant ceux qui la violent, et je ne cesserai pas de combattre les gens qui prétendent qu'il faut tolérer la licence du peuple dans certaines circonstances.

Si cela était vrai, le courage civil ne serait plus qu'un vain mot, et il faudrait dire avec un homme d'État célèbre, que « le sentiment du droit est en France complétement éteint, même dans les cercles où l'on cherche de préférence les amis de l'ordre politique et de la justice garantie ».

Dans une circulaire que vous adressiez, le 5 janvier 1872, aux procureurs généraux près les cours d'appel, vous disiez :

« Le ministère public a, plus que tout autre, le devoir de faire respecter la loi. »

J'ai assez souffert, et ma ruine est assez complète, pour avoir le droit de demander, avec tous ceux qui ont lu ou qui liront mon opuscule sur *la liberté d'écrire en France,* où était le ministère public à Châlons-sur-Marne, au mois de mai 1869, et pourquoi la population y a-t-elle pu librement fouler aux pieds les lois qui garantissent la sécurité des citoyens, et commettre des actes aussi criminels que barbares [1] ?

Et si, après avoir manqué aux devoirs que les fonctions imposaient à ceux qui en étaient revêtus, on cherchait, comme cela arrive trop souvent dans notre

1. Dès le dimanche soir, 23 mai 1869, et le lendemain lundi au matin, j'étais allé chez le procureur impérial, pour me plaindre des manifestations hostiles dont j'étais l'objet.

Il me fut impossible d'obtenir une réponse précise et rassurante de ce magistrat. Le maire de Châlons, son parent, était logé à l'extrémité de la ville, et je m'adressais au procureur parce qu'il demeurait à quelques pas de la place où se formaient les rassemblements, et où commençaient des manifestations tumultueuses accompagnées de cris et de provocations.

Je savais d'ailleurs que le préfet et le maire ne me protégeraient pas efficacement.

Les préfets, en 1869, ne réprimaient guère un mouvement populaire que lorsqu'il était dirigé contre le gouvernement ou contre les partisans de l'Empire.

Quant aux maires, tant qu'on ne commettait pas des dégâts qui pouvaient entraîner la responsabilité des communes, ils n'osaient, sous le dernier régime, requérir la force publique, et faire faire des arrestations, sans un ordre de la préfecture.

pays, à discuter ces actes et à les atténuer, je placerais sous les yeux des fonctionnaires de Châlons, et pour leur condamnation, ce passage d'une lettre que m'adressait, le 25 janvier 1872, une personne qui habitait cette dernière ville au mois de mai 1869, et qui est la fille d'un général et la femme d'un officier supérieur.

« J'ai reçu avant-hier, m'écrivait cette respectable dame, la brochure que vous avez eu la bonté de m'envoyer.

« Je connaissais déjà parfaitement tous les détails du drame épouvantable dont vous avez été victime.

« Je n'en ai pas moins lu votre brochure avec un grand intérêt.

« J'étais à Châlons à l'époque où tous ces tristes événements se sont passés, et tous les détails nous avaient été donnés par un des principaux employés de la préfecture.

« Nous vous avons plaint [1]. . . . . »

Si je suis parti de Châlons, le 26 mai 1869, au soir, avec ma femme et mes enfants, c'est parce que l'attitude et le langage des fonctionnaires

1. Le préfet de la Marne a été nommé préfet du département du Gard, par décret du 8 novembre 1869, et a reçu, par cet avancement, la récompense de sa belle et courageuse conduite pendant les élections du mois de mai de la même année.

m'avaient fait comprendre que j'étais entièrement abandonné.

Et comment l'instruction de l'infâme affaire de Châlons a-t-elle été conduite?

Si vous voulez bien lire, Monsieur le garde des sceaux, les pages 29, 30, 31 et 32 de *l'imprimé* que je joins à la présente lettre, et qui est intitulé : *Machinations et Manifestations*, vous y verrez qu'un lâche guet-apens, parfaitement connu des fonctionnaires, comme il l'était du public, dès le 25 mai 1869, au matin, n'a été constaté que le 8 juillet suivant par un procès-verbal de gendarmerie, et à ma sollicitation.

« La personne qui a été, le 24 mai, vers minuit, m'écrivait mon avoué de Châlons, Mᵉ L. Jolly, victime d'une agression, à cause de sa cravate blanche (ce qui l'a fait prendre pour un avocat), est Alfred Lagarde, commis aux dépêches de la préfecture, et servant dans les dîners et soirées. »

Et voilà un pauvre homme qui est tombé à ma place dans un guet-apens, et qui est interrogé seulement six semaines après la tentative criminelle dont il a été l'objet!

Et cela, bien qu'il fût journellement employé à la préfecture, et qu'il servît dans les dîners et soirées de ceux qui composent ce qu'on appelle, dans certaines petites villes de province, *la colonie des fonction-naires* [1].

Comment s'étonner que le ministère public n'ait pas prononcé, à l'audience du tribunal civil de Châlons du 17 mars 1870, une parole de blâme contre les provocateurs de l'émeute du mois de mai 1869, et n'ait pas trouvé un mot d'humanité pour ma femme et mes enfants?

« Je regrette, disait-il (et je copie ici le compte rendu du *Journal de la Marne* du 18 mars 1870), que ce procès ait pu s'engager, alors que depuis un an les hommes et les choses ont totalement changé, et qu'une révolution pacifique s'est opérée. »

Ainsi, parce que M. le procureur impérial était satisfait de la présence de M. Émile Ollivier aux affaires, je devais me taire et perdre le procès intenté contre ceux qui m'avaient causé un malheur irréparable [2].

1. Lorsqu'un fonctionnaire de l'Empire, préfet, ou intendant militaire, avait à se plaindre d'une injure, on peut voir au *greffe* de Châlons comment on découvrait, poursuivait et condamnait les coupables.

2. Ce magistrat croyait peut-être me témoigner de la sympathie, lorsqu'il écrivait, le 26 juillet 1869, ces mots sur une carte de visite : « avec d'affectueux souvenirs et l'espoir de revoir M. Biston dans la patrie commune, Paris... »

Paris était pour moi comme un lieu d'exil, et M. le Procureur

Si les fonctionnaires avaient rempli leurs devoirs, ma femme, la vertueuse mère de mes enfants, n'aurait pas quitté Châlons, et elle vivrait !

Cette pensée douloureuse m'accable, et comme mari, comme père, il m'est impossible de garder le silence.

Et aujourd'hui qu'un arrêt, rendu par la Cour d'appel de Paris, le 19 décembre 1871, a reconnu, en infirmant le jugement de Châlons-sur-Marne, que j'avais *juste sujet de me plaindre,* je viens vous demander si c'est ainsi que les fonctionnaires doivent faire respecter les lois en France et protéger la famille?

Je suis,

P. BISTON.

impérial, ne songeant qu'à son avancement, oubliait déjà mon infortune et celle de ma famille !

Au reste, son *espoir de me revoir dans la patrie commune* n'a pu qu'augmenter, depuis que des *gens de l'empereur* ont obtenu du gouvernement de la République de 1870 les avancements les plus extraordinaires et les plus inespérés.

Paris, 1er décembre 1873.

Monsieur le garde des sceaux [1],

J'ai écrit, le 11 juin 1872, à M. Dufaure, votre prédécesseur, pour lui faire connaître les faits qui m'ont forcé à quitter Châlons-sur-Marne, au mois de mai 1869, et je lui ai adressé, à l'occasion de ces même faits, une brochure intitulée : *Comment on respecte la liberté d'écrire en France,* et des pièces imprimées sous ce titre : *Machinations et Manifestations.*

Je me plaignais, par ma lettre du 11 juin, de ce que la population de Châlons-sur-Marne avait pu, à cette époque-là, librement fouler aux pieds les lois qui garantissent la sécurité des citoyens, et me faire subir toutes sortes d'avanies.

Votre honorable prédécesseur m'a répondu le 23 septembre 1872, et j'extrais de sa lettre les passages suivants :

« J'ai pris des renseignements sur les faits que vous me signalez.

« Il en résulte qu'une démonstration ayant eu lieu contre

1. M. Depeyre.

vous dans la nuit du 24 au 25 mai 1869, des gendarmes et des agents de police se rendirent aussitôt sur les lieux. . .

« Il m'est impossible, après trois ans, d'ordonner une nouvelle enquête. . . . . »

Cette enquête, qu'on regardait comme impossible, est faite aujourd'hui ; elle a exigé beaucoup de temps et de patience, parce que j'ai demandé mes renseignements à des officiers qui habitaient Châlons-sur-Marne en 1869, et dont j'ai été obligé de rechercher les nouvelles résidences.

Je les ai priés de m'écrire ce qu'ils savaient des manifestations déplorables dont j'avais été l'objet, et particulièrement s'il était vrai qu'on eût envoyé des *gendarmes* sur la place qui avait été le théâtre du désordre et où je demeurais ?

Ces militaires, presque tous officiers supérieurs, et qui n'ont aucun intérêt à dissimuler la vérité, m'ont répondu, et j'ai entre les mains plusieurs lettres qui établissent d'abord que l'émeute châlonnaise a duré pendant deux soirées et deux nuits, depuis le 24 jusqu'au 26 mai 1869.

Un général m'écrivait le 29 octobre 1873 :

« Je me rappelle parfaitement les actes regrettables à la suite desquels vous avez cru devoir abandonner Châlons.

« Les faits dont il s'agit auraient nécessité l'emploi des agents de police et de la gendarmerie avant tout.

« Aux termes des règlements en vigueur, le soin de les appeler incombait à M. le préfet et à M. le maire.

« L'autorité militaire ne pouvait intervenir que sur la réquisition écrite de M. le préfet [1].

« Aucune démarche de ce genre n'a été faite auprès de moi, et aucun ordre ne m'est parvenu de mon chef supérieur à cet égard [2].

« Du reste, je crois que quelques gendarmes auraient suffi pour couper court à la manifestation. . . . . . »

On peut déjà conclure de cette lettre que les gendarmes n'ont pas été envoyés pour me protéger, puisque j'ai été exposé à tous les outrages de la multitude

1. En présence de rassemblements tumultueux qui constituaient un délit grave et *flagrant,* le ministère public avait évidemment le droit de requérir la force armée.

Mais il ne faut pas oublier que l'obéissance aux ordres de la préfecture était, sous le dernier régime, et pour tous les fonctionnaires, une règle absolue.

Et comme le préfet de la Marne pouvait bien me regarder comme un adversaire politique, personne ne s'est soucié de m'assurer sérieusement la protection de la loi.

2. Ce chef, c'est-à-dire le général commandant la 4me division militaire, était alors le marquis de Liniers, et celui-ci m'apprenait, par sa lettre du 6 novembre 1873, qu'il était « absent lors des déplorables manifestations dont j'avais été l'objet à Châlons, les 24 et 25 mai 1869 » .

pendant deux longues soirées, et même bien avant dans la nuit.

Un chef de légion de gendarmerie me répondait le 30 septembre 1873 :

« Je viens de lire votre brochure : *Comment on respecte la liberté d'écrire en France,* avec d'autant plus d'intérêt que j'étais à Châlons lorsque vous y avez été victime d'avanies aussi injustes que dégoûtantes.

« Si j'avais pu les prévenir, je les aurais empêchées.

« ... Non, mes braves gendarmes n'étaient pas là, car s'il y en avait eu un seul, il aurait certainement arrêté au moins un des délinquants.

« Je vous remercie, cher monsieur, de m'avoir fourni cette occasion de vous témoigner ma haute estime et ma sympathie.

« Continuez à réveiller par vos écrits le sentiment du devoir, à inspirer le respect de la religion, du droit et du principe d'autorité.

« Sans cela, notre belle France ne se relèvera jamais[1] ...»

Il est donc certain que j'ai dit la vérité dans mes écrits, et que les *gendarmes* ne se sont pas rendus

---

1. Un magistrat me disait dernièrement : « Vous avez défendu le principe d'autorité ; je vous plains. Si vous l'aviez attaqué, vous auriez chance de succès. »

Est-ce donc là où nous en sommes en France ?

aussitôt sur les lieux pour dissiper les attroupements et faire les arrestations nécessaires.

Et comme ma demeure était cernée par le peuple, il m'était impossible de sortir, et d'aller prévenir et requérir la force publique [1].

Les gendarmes de la brigade de Châlons que j'ai vus ici, pendant le premier siége, au Louvre, m'avaient déjà affirmé qu'ils n'avaient pas quitté leur caserne, pendant les soirées des 24 et 25 mai 1869, et ce serait faire injure à ces braves soldats que de supposer qu'ils auraient assisté à de pareilles saturnales sans remplir leur devoir.

Nous n'avons pas été protégés, voilà la vérité ; et comme les forces de ma femme étaient épuisées par les plus pénibles émotions, j'ai dû la soustraire, ainsi que mes enfants, à de nouvelles épreuves, en abandonnant une ville où les lois n'existaient plus pour nous.

Je ne sais pas près de quelles personnes votre honorable prédécesseur, M. Dufaure, a pris ses ren-

---

1. Une foule de plus de deux mille personnes s'est portee, à plusieurs reprises, les 24 et 25 mai 1869, de la place du Marché-au-Blé sur celle que j'habitais, et deux agents de police l'accompagnaient, sans rien faire pour la disperser.

Cette foule stationnait sous mes fenêtres et criait : *Enlevons-le.*

seignements, mais c'est en vain qu'on s'efforcerait, ainsi que je le prévoyais par ma lettre du 11 juin 1872, d'atténuer les actions les plus coupables, des tentatives criminelles prouvées par des procès-verbaux.

Les fonctionnaires de Châlons, et ceux qui les soutiennent, ont beau dire que l'introduction de fusées entre mes persiennes et mes fenêtres n'était qu'un *jeu d'enfant*[1], et appeler *rixe* ce qui a été un infâme guet-apens, il est impossible de ne pas reconnaître que leur faiblesse a comme encouragé l'audace de mes ennemis.

Si je n'avais pas défendu le principe d'autorité pendant vingt ans, si je n'avais pas combattu par mes écrits la révolution, et des abus et des fraudes lâchement tolérés en Champagne, j'y serais encore, je n'aurais pas eu la douleur de m'éloigner de mon pays natal, ma profession ne serait pas perdue, et tous mes intérêts ne seraient pas mis en péril.

Si je n'ai pas eu le bonheur de plaire à *messieurs* de Châlons, j'ai eu l'honneur, et ils ne me l'ont jamais pardonné, d'avoir l'approbation d'un homme illustre, et vous trouverez les marques de sa rare bienveillance

---

1. C'est encore à ma sollicitation que cette tentative d'incendie a été constatée, par la police de Châlons, le 25 mai 1869.

dans l'opuscule que je m'empresse de vous adresser, et que je viens de publier sous ce titre : *Berryer et ses contemporains* [1].

Je suis,

P. BISTON.

Paris, 12 juin 1874.

Monsieur le sous-secrétaire d'État [2],

Au mois de mai 1869, les lois et les fonctionnaires ont été comme frappés d'impuissance à Châlons-sur-Marne.

Grâce à leur faiblesse, d'ignobles saturnales ont troublé la tranquillité de cette ville pendant deux soirées et deux nuits, et en présence des manifestations de la force brutale, des actes sauvages qui avaient épouvanté ma femme et mes enfants, j'ai dû tout abandonner pour aller chercher ailleurs le repos et la sécurité.

Et c'est ainsi que les liens qui nous attachaient au pays natal ont été brisés, que mes intérêts ont été compromis, et que ma profession a été perdue.

Et non-seulement j'ai été atteint dans ma fortune, dans ma position, mais encore dans mes affections les plus chères, puisque ma femme succombait, pendant le premier siége, et à l'âge de quarante-trois ans, victime de l'affreuse épidémie

1. Voir mes lettres de Berryer, et particulièrement celle du 8 septembre 1866.

2. M. Baragnon, sous-secrétaire d'État au ministère de la justice.

qui régnait alors à Paris, et dont elle aurait été préservée à Châlons.

Je vous prie, Monsieur le sous-secrétaire d'État, de vouloir bien prendre connaissance de ma correspondance avec le ministère de la justice, depuis le 11 juin 1872 jusqu'à ce jour, et des imprimés joints à cette correspondance.

Tous les faits dont j'ai *juste sujet de me plaindre* [1] y sont clairement établis, et en dernier lieu, répondant à un triste moyen de défense employé par les fonctionnaires de Châlons, j'ai prouvé qu'on n'avait pas même envoyé un gendarme à notre secours, et cela par les témoignages écrits d'un colonel de légion de gendarmerie et d'un général qui étaient en garnison dans cette dernière ville, au mois de mai 1869.

Il n'est pas admissible que des fonctionnaires, chargés de faire exécuter les lois, puissent, par faiblesse, occasionner la ruine d'une famille, et après cinq ans d'attente et tant de sacrifices, j'espère que vous réparerez, autant que possible, les maux qu'on n'a su, ni prévenir, ni combattre efficacement.

Je suis,

P. BISTON.

M. Gilardin, premier président de la Cour d'appel de Paris, connaissait la demande de *réparation* que j'avais adressée au ministre de la justice, et il m'écrivait de Champollon, le 12 octobre 1874 :

« Consulté à ce sujet, je ne pourrais que rendre témoignage de votre parfaite honorabilité et de l'intérêt que peut

---

1. Arrêt de la cour d'appel de Paris du 19 décembre 1871.

appeler sur vous une scène d'agitation populaire qui vous a contraint à quitter le barreau de province où vous exerciez votre profession [1]. »

Paris, 26 octobre 1874.

Monsieur le sous-secrétaire d'État [2],

J'ai l'honneur de vous communiquer la lettre que M. le premier président Gilardin m'a adressée le 12 courant.

Oui, j'ai été *contraint,* le mot est juste, de tout abandonner, à la suite d'un tumulte dont la gravité n'a été que le triste résultat de la faiblesse des agents de l'autorité.

Et, chose incroyable! lorsque j'ai poursuivi les instigateurs de l'émeute dont j'ai été victime, j'ai rencontré comme adversaire, à l'audience du tribunal de Châlons du 17 mars 1870, non-seulement M. Ernest Picard, mais encore le ministère public qui, joignant ses efforts à ceux de l'honorable avocat-député, a conclu bravement au rejet de ma demande.

Et si le tribunal l'a admise en partie, et s'il m'a accordé une certaine réparation, il n'a pas inséré un seul motif dans son jugement du 25 mars 1870, pour blâmer des faits criminels tels qu'une tentative d'incendie, et un infâme guet-

1. Le premier président n'a pas été consulté, cela est certain, et des politiques m'affirment que, sous le régime parlementaire, la voix d'un bon député a plus d'autorité que celle d'un magistrat.

2. M. Baragnon, sous-secrétaire d'État au ministère de la justice.

apens auquel j'avais providentiellement échappé, quelques mois auparavant !

Heureusement, la première chambre dé la cour d'appel de Paris a infirmé le jugement de Châlons-sur-Marne, par son arrêt en date du 19 décembre 1871. . . . . . .

La lettre de M. le premier président Gilardin est la meilleure réponse que je puisse faire à une note curieuse, que M. le procureur général a eu la bonté de me lire, et qui a été rédigée avec une *rare* impartialité.

On dirait que cette note a été écrite sous la dictée des fonctionnaires de Châlons, de ceux-là mêmes qui, en 1869, ont donné au peuple le spectacle d'une faiblesse inqualifiable.

Mes travaux et mes diverses publications y sont passés sous silence ; les faits qui ont épouvanté ma femme et mes enfants y sont atténués d'une manière presque ridicule ; on y commet même, et à mon préjudice, une erreur grossière, mais le rédacteur de cette note n'oublie pas mes *opinions très-légitimistes* [1].

Il est certain que je n'ai jamais rien sollicité sous l'Empire, et le 8 mai 1870, un journal de Paris publiait ma protestation contre le dernier *plébiscite.*

Je demande aujourd'hui une réparation éclatante...

Je suis,

P. BISTON.

---

1. Il était écrit que je souffrirais à Paris, comme en Champagne, pour ma foi politique : le temps n'est peut-être pas éloigné où l'opinion royaliste sera de nouveau, en France, une cause de proscription, et je pourrais déjà signaler les procédés aussi étranges que blessants de certains agents du gouvernement de la nouvelle république.

M. le sous-secrétaire d'État à la Justice me répondait le 13 novembre 1874 :

« Je serai heureux de contribuer pour ma part à réparer les conséquences désastreuses des événements dont vous avez été la victime à Châlons-sur-Marne. »

Mon espérance était infatigable, et sans me laisser décourager par les accidents de la politique, je continuai à poursuivre le redressement de mes griefs devant M. le garde des sceaux.

Paris, 20 avril 1875.

Monsieur le garde des sceaux [1],

Mon volumineux dossier dit assez clairement comment j'ai été victime de la force brutale sous le dernier régime, et j'attends depuis seize mois la réparation qui m'a été promise.

J'ai demandé qu'elle fût éclatante, et personne ne s'en étonnera, car j'ai souffert cruellement dans mes affections et dans mes intérêts, et il faudrait avouer que l'autorité de la loi n'existe plus en France, si des fonctionnaires de l'État pouvaient impunément causer par leur faiblesse la ruine d'un citoyen et celle de sa famille.

1. M. Dufaure.

Paris, 23 mai 1875.

AU MÊME.

Le 13 courant, un de vos éminents collègues m'écrivait qu'il « joignait ses efforts aux miens, et qu'il sollicitait de votre bienveillance la réparation qui m'était due ».

Je croyais que le gouvernement me l'accorderait promptement, parce qu'il y avait à satisfaire, en cette circonstance, non-seulement à mon intérêt légitime, mais encore à l'intérêt public qui veut que la liberté et la sécurité des citoyens soient protégées sous tous les régimes.

Vous êtes le défenseur naturel de ces deux intérêts, et si vous voulez bien lire les opuscules que j'ai eu l'honneur de vous adresser, je suis convaincu que vous ne tarderez pas à mettre fin à mes peines et à mes inquiétudes[1].

Paris, 19 octobre 1875.

AU MÊME.

J'ai prouvé que les lois avaient été bravées et que mes droits avaient été violés par la force brutale, à Châlons-sur-Marne, pendant les soirées et les nuits des 24 et 25 mai 1869.

La Providence seule m'a fait échapper à des tentatives

---

1. Le 22 mai 1875, M. Dufaure m'avait fait l'honneur de m'écrire une lettre dans laquelle il m'était impossible de voir autre chose que la confirmation des promesses de ses prédécesseurs.

criminelles qui ont été constatées par deux procès-verbaux que j'ai communiqués à la chancellerie.

Et la faiblesse des fonctionnaires de Châlons a été telle, qu'ils n'ont pas même envoyé un gendarme à notre secours[1] !

Des officiers supérieurs ont attesté ce fait par écrit, et il n'y a pas un militaire de la garnison qui n'en ait été indigné, et qui n'ait compris mon départ d'une ville où je ne trouvais plus de sécurité pour moi et ma famille.

Je suis bien obligé de rappeler encore une fois ces faits douloureux et inouïs, puisque, depuis plusieurs mois, j'attends la réparation qui m'a été promise.

Elle a été certainement retardée par les fréquents changements de ministères, mais aujourd'hui, vous pourrez me rendre justice, et m'épargner de nouveaux tourments.

Ma femme, la noble mère de mes enfants, vivrait, si les fonctionnaires de Châlons avaient eu le courage de remplir leurs devoirs ; ils ont, malgré leur incapacité, obtenu de l'avancement, et je reste leur victime, et on ne fait rien pour me tirer de l'abîme où je suis tombé par leur faute !

Paris, 3 janvier 1876.

AU MÊME.

Vous avez toujours eu un profond mépris de la force matérielle, et soit comme *bâtonnier*, soit comme ministre,

---

1. On disait avec raison, dans la séance de *l'Assemblée nationale* du 15 juin 1875 : «... c'est l'État qui emploie les fonctionnaires, qui en use, qui est responsable de leurs fautes et de leur incapacité. »

vous n'avez pas cessé de condamner le désordre qu'elle introduit dans la société.

Je suis une de ses victimes, et je sais par expérience comment la force brutale « se joue, pour employer vos propres expressions, des sentiments les plus élevés de la nature humaine ».

Et voilà pourquoi je ne me lasserai pas de protester et de demander justice.

Paris, 11 février 1876.

AU MÊME.

Je crois utile de vous adresser les *extraits* de ma correspondance avec votre ministère que j'ai l'intention de publier prochainement.

Ces *extraits* démontrent jusqu'à l'évidence que j'ai été victime des plus lâches attaques, et que je suis en droit de me plaindre de l'inexécution des lois.

Si je n'obtenais pas bientôt la satisfaction que je sollicite depuis si longtemps et qui m'a été promise par vos honorables prédécesseurs, si vous ne me faisiez pas enfin sortir de la situation que m'ont créée des événements dont sont responsables des fonctionnaires incapables ou coupables, il me serait bien permis de dire que *la force prime le droit* en France.

Cela ne sera pas; vous comprendrez que mon intérêt légitime et celui de ma famille ne peuvent pas rester plus

longtemps en souffrance, et que l'heure est venue de nous
faire oublier des épreuves aussi rudes et aussi prolongées:

Je suis,

P. BISTON.

Je publie ces *extraits* de ma correspondance avec
la *Chancellerie,* parce qu'ils sont le complément
nécessaire de ma *Protestation* du 24 juin dernier.

J'ai cherché à convaincre et à gagner les esprits
droits et les cœurs généreux, et j'espère qu'on recon-
naîtra que je ne suis pas sorti des bornes de la modé-
ration.

Et cependant, forcé de rappeler, presque à chaque
page, le souvenir des faits les plus douloureux pour
moi et mes enfants, j'avais peut-être le devoir de flétrir
plus énergiquement l'insigne lâcheté qui a été la
cause de notre désastre.

Je serais heureux de croire encore, avec notre
grand orateur, que « la force ne détruit pas le
droit », mais il faut le redire, depuis que j'ai vu des
magistrats laisser violer impunément la loi qui doit
couvrir d'une égale protection tous les citoyens, je

commence à douter, et lorsque notre sort paraît n'inspirer aux *satisfaits* que de l'indifférence ou du dédain, je suis tenté de répéter cette parole de Pascal : « J'ai passé long temps de ma vie en croyant qu'il y avoit une justice. »

Paris, 29 septembre 1876.

PARIS. — Impr. J. CLAYE. — A. QUANTIN et C*, rue Saint-Benoît.

Pour paraître prochainement :

LE

TESTAMENT POLITIQUE

D'UN

ROYALISTE

SUIVI D'UNE

LETTRE A M. LE COMTE DE CHAMBORD

Sur l'entrevue du 5 août 1873.

———⋈———

PARIS. — Impr. J. CLAYE. — A. QUANTIN et Cⁱᵉ, rue Saint-Benoît. — [1495]